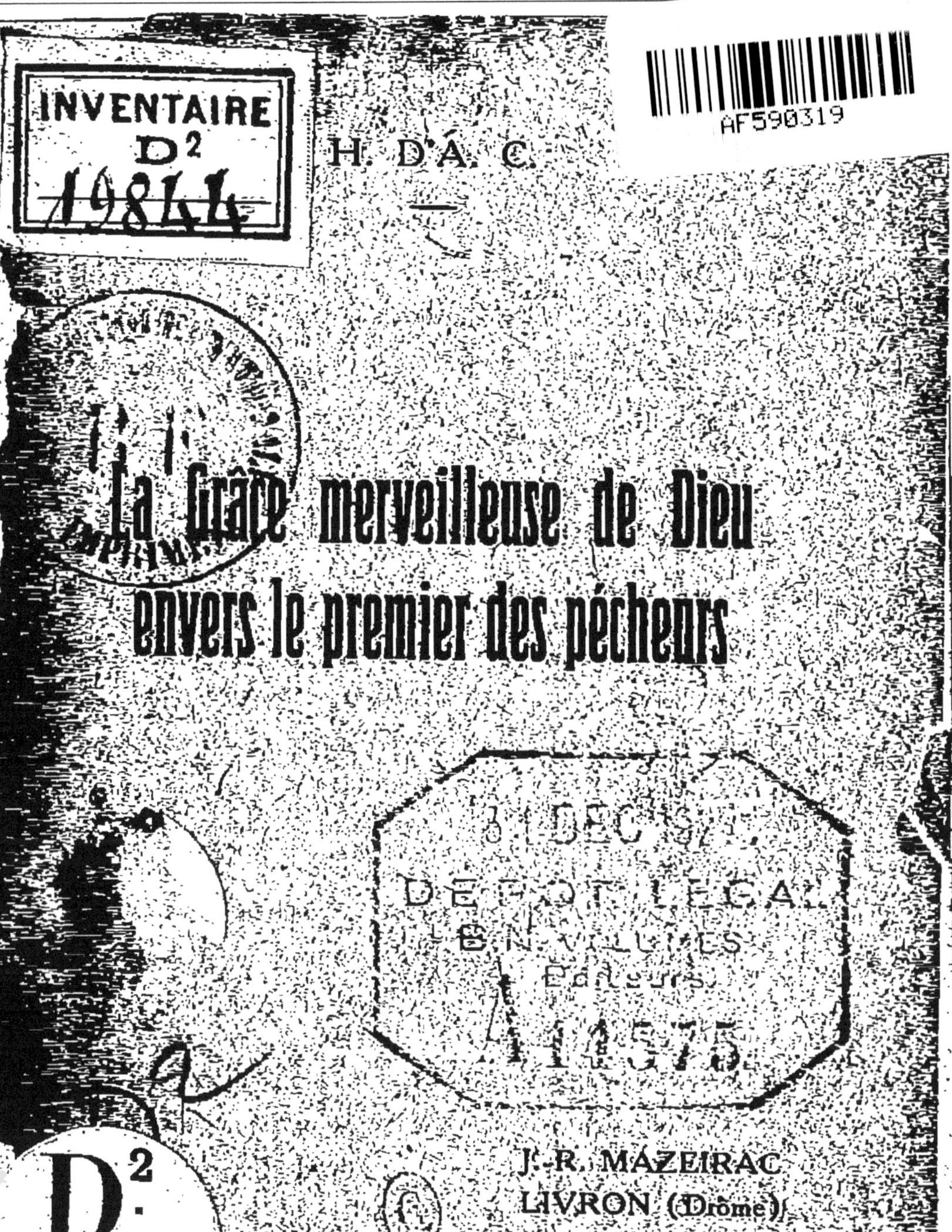

H. D'A. C.

La Grâce merveilleuse de Dieu envers le premier des pécheurs

J.-R. MAZEIRAC
LIVRON (Drôme)

La Grace merveilleuse de Dieu envers le plus grand pécheur

« En entendant ces choses, ils frémissaient de rage dans leurs cœurs, et ils grinçaient les dents contre lui. Mais lui, étant plein de l'Esprit Saint, et ayant les yeux attachés sur le ciel, vit la gloire de Dieu, et Jésus debout à la droite de Dieu ; et il dit : Voici, je vois les cieux ouverts, et le Fils de l'homme debout à la droite de Dieu.

« Et criant à haute voix, ils bouchèrent leurs oreilles, et d'un commun accord se précipitèrent sur lui ; et l'ayant poussé hors de la ville, ils le lapidaient ; et les témoins déposèrent leurs vêtements aux pieds d'un jeune homme appelé Saul. Et ils lapidaient Etienne, qui priait et disait : Seigneur Jésus, reçois mon esprit. Et s'étant mis à genoux, il cria à haute voix : Seigneur, ne leur impute point ce péché. Et quand il eut dit cela, il s'endormit ; — et Saul consentait à sa mort.

« Or en ce temps-là, il y eut une grande persécution contre l'assemblée qui était à Jérusalem ; et tous furent dispersés dans les contrées de la Judée et de la Samarie, excepté les apôtres. Et des hommes pieux emportèrent Etienne pour l'ensevelir, et menèrent un grand deuil sur lui.

« Or Saul ravageait l'assemblée, entrant dans les maisons ; et, trainant hommes et femmes, il les livrait pour être jetés en prison.

« Ceux donc qui avaient été dispersés allaient çà et là, annonçant la parole ».

(ACTES, VII, 54-60 ; VIII, 1-4)

« Or Saul, respirant encore menace et meurtre contre les disciples du Seigneur, alla au souverain sacrificateur et lui demanda pour Damas des lettres adressées aux synagogues, en sorte que, s'il en trouvait quelques-uns qui fussent de la voie, il les amenât, hommes et femmes, liés à Jérusalem. Et, comme il était en chemin, il arriva qu'il approcha de Damas ; et tout à coup une lumière brilla du ciel comme un éclair autour de lui. Et étant tombé par terre, il entendit une voix qui lui disait : Saul ! Saul ! Pourquoi me persécutes-tu ? Et il dit : Qui es-tu, Seigneur ? Et il dit : Je suis Jésus, que tu persécutes. Mais lève-toi, et entre dans la ville ; et il te sera dit ce que tu dois faire. Et les hommes qui faisaient route avec lui s'arrêtèrent tout interdits, entendant bien la voix, mais ne voyant personne. Et Saul se leva de terre ; et, ses yeux étant ouverts, il ne voyait personne ; et, le conduisant par la main, ils l'emmenèrent à Damas ; et il fut trois jours sans voir, et il ne mangea ni ne but. Or il y avait à Damas un disciple nommé Ananias ; et le Seigneur lui dit en vision : Ananias ! Et il dit : Me voici, Seigneur. Et le Seigneur lui dit : Lève-toi, et va dans la rue appelée la Droite, et cherche dans la maison de Judas un nommé Saul, de Tarse ; car voici, il prie, et il a vu en vision un homme nommé Ananias, entrant et lui imposant la main pour qu'il recouvrât la vue. Et Ananias répondit : Seigneur, j'ai ouï parler à plusieurs de cet homme, combien de maux il a fait à tes saints dans Jérusalem ; et ici il a pouvoir, de la part des principaux sacrificateurs, de lier tous ceux qui invoquent ton nom. Mais le Seigneur lui dit : Va ; car cet homme m'est un vase d'élection pour porter mon nom devant les nations et les rois, et les fils d'Israël ; car je lui montrerai combien il doit souffrir pour mon nom. Et Ananias s'en alla, et entra dans la maison ; et, lui imposant les mains, il dit : Saul, frère, le Seigneur, Jésus qui t'est apparu dans le chemin par où tu venais, m'a envoyé pour que tu recouvres la vue, et que tu sois rempli de l'Esprit Saint. Et aussitôt il tomba de ses yeux comme des écailles ; et il recouvra la vue ; et se levant, il fut baptisé ; et ayant mangé, il reprit des forces. Et il fut quelques jours avec les disciples qui étaient à Damas ; et aussitôt il prêcha Jésus dans les synagogues, disant que lui est le Fils de Dieu. Et tous ceux qui l'entendaient étaient dans l'étonnement et disaient : N'est-ce pas celui-là qui a détruit à Jérusalem ceux qui invoquent ce nom, et qui est venu ici dans le but de les amener liés aux principaux sacrificateurs ? Mais Saul se fortifiait de plus en plus, et confondait les Juifs qui demeuraient à Damas, démontrant que celui-ci était le Christ ».

(ACTES, IX, 1-22)

LA GRACE MERVEILLEUSE DE DIEU ENVERS LE PLUS GRAND PÉCHEUR

ACTES, VII, 54-60 ; VIII, 1-4 ; IX, 1-22

Ces chapitres nous donnent un exemple remarquable de ce que Dieu peut faire pour le plus grand pécheur, Saul de Tarse. Il est mentionné pour la première fois, lors du départ d'Etienne, car il était de ceux qui le mirent à mort — « Et Saul consentait à sa mort ». Plus la grâce de Dieu se manifeste dans les chrétiens, plus elle provoque la colère du monde qui les persécute. Le meurtre d'Etienne rendit Saul semblable à un loup. « Or Saul ravageait l'assemblée, entrant dans les maisons ; et, traînant hommes et femmes, il les livrait pour être jetés en prison » ; et il mettait à mort ceux qui avaient l'Esprit de Christ. Mais il y eut enfin un changement complet en Saul ; car il aima les brebis de Christ, tout autant, sinon davantage, que tous ceux qui ont pris soin du troupeau de Dieu. Au lieu de ne respirer que menace et meurtre contre les disciples du Seigneur, il respira l'atmosphère céleste, étant rempli d'amour divin. Sa conversion illustre la puissance remarquable de l'évangile dans l'énergie du Saint Esprit ; elle montre aussi ce que Dieu peut faire de l'homme le plus opposé — et Dieu seul pouvait faire ce qu'il a fait.

L'histoire d'Etienne est brève. Sa fidélité se manifesta de bonne heure dans le soin qu'il prit des veuves. Mais il fut bientôt élevé à un plus grand service, car, rempli de foi et de puissance, il opéra de grandes merveilles et des miracles parmi le peuple et rendit publiquement témoignage à Christ. Il dut résister à toutes les grandes écoles de la ville ; il y avait de la puissance dans sa parole et ses opposants ne savaient comment lui répondre, ne pouvant « résister à la sagesse et à l'Esprit par lequel il parlait ». Même aujourd'hui on trouve des hommes de Dieu ayant de la sagesse et de la puissance, et personne ne peut leur résister. Personne ne peut découvrir un seul point faible dans l'évangile ; combien moins les hommes peuvent-ils prouver qu'il est faux ! Mais les apostats parmi la chrétienté auront toujours des auditeurs — ceux qui ne veulent pas de Dieu et qui adorent leur propre intelligence.

L'intelligence, en dehors de sa vraie place, ruine souvent un homme, parce qu'elle s'élève contre Christ, et la conscience est ignorée. Dieu n'est cependant pas à blâmer pour le mauvais emploi qu'on fait de son propre don ; mais l'intelligence ne pouvait tenir tête à Etienne, parce que sa sagesse et sa puissance venaient de Dieu. Néanmoins, au lieu d'être humiliés et repentants, ses auditeurs résistèrent à la vérité, comme ils avaient résisté à Christ. Etienne fut produit devant le conseil juif, le sanhédrin, et il se tint là tout seul ; mais Dieu était avec lui. Alors, son visage brilla comme celui de Moïse ; mais comme Moïse, il fut rejeté.

Etienne était d'une grande simplicité ; d'une manière remarquable, il fut soudain appelé à faire sa défense en présence du sanhédrin. N'ayant pas été préparé à cela, il fut soutenu par la puissance divine pour décrire toute l'histoire d'Israël du commencement à la fin — une longue histoire de méchanceté, et de réjection de tout serviteur envoyé de Dieu. Or l'histoire d'Israël était l'histoire de la nation principale sur la terre, une nation spécialement choisie de Dieu ; elle avait cependant rejeté tous ceux que Dieu avait suscités et envoyés.

Si quelque autre nation avait été éprouvée comme l'a été Israël, elle aurait sans doute également manqué. C'est ainsi qu'Etienne, en puissance divine, convainct le sanhédrin, et il termine en leur imputant le péché énorme d'avoir mis à mort le Juste — leur Messie — « lequel maintenant vous, vous avez livré et mis à mort ». Mais ils ne voulurent plus écouter. « En entendant ces choses, ils frémissaient de rage dans leurs cœurs, et ils grinçaient des dents contre lui. » Mais lui — contraste frappant — « étant plein de l'Esprit Saint, et ayant les yeux attachés sur le ciel, vit la gloire de Dieu ». Il ne regardait pas ailleurs : il avait les yeux « attachés sur le ciel », d'où lui venait tout encouragement. Il vit la gloire de Dieu « et Jésus debout à la droite de Dieu ». Pour lui, quel encouragement et quel soutien ! Pourquoi Jésus était-il debout ? Pour encourager et soutenir son serviteur. De quoi celui-ci avait-il besoin ? De grâce et de force, afin qu'il n'abandonnât pas le terrain et ne fût pas vaincu, ou qu'il ne manifestât pas un esprit contraire à son témoignage. La haine de la part de ses ennemis ne pouvait produire aucune haine en Etienne, et tout son esprit correspondait à l'amour de Christ. La haine terrible qui l'environnait ne trouvait pas de réponse en lui. Il vivait et rendait témoignage dans la puissance du Saint Esprit, et un tel homme ne peut haïr. Si les saints ont de l'amertume, ils ne sont pas dans l'Esprit de Christ et ils ne reçoivent aucune approbation de Christ. Au milieu de cette foule pleine de haine satanique, Etienne, semblable à son Maître, resplendissait devant ses ennemis. Il manifestait sur la terre l'Esprit de Christ en haut, l'Esprit de celui qui le soutenait. Il dit : « Voici, je vois les cieux ouverts, et le Fils de l'homme debout à la droite de Dieu ». Oui, le Fils de l'homme était dans les cieux. Quel merveilleux soutien ! Quelle merveilleuse contemplation, pour Etienne. Les Juifs auraient dû attendre le Fils de l'homme, qui devait amener une renaissance, selon le Psaume LXXX. La renaissance d'Israël devait être produite par le Fils de l'homme : « Que ta main soit sur l'Homme de ta droite, sur le Fils de l'homme que tu as fortifié pour toi ». Quand il amènera cette renaissance, ils ne se retireront plus de lui — « et nous ne nous retirerons pas de toi ».

Daniel avait aussi parlé du Fils de l'homme comme introduisant le dernier royaume qui ne sera pas détruit (Daniel, VII, 13, 14). Il montre que le royaume latin doit prendre la forme de dix royaumes (réunis sans doute en vue de se défendre des puissances asiatiques) ; mais il est détruit et l' « Ancien des jours » donne le royaume au Fils de l'homme, et ce royaume ne peut jamais passer.

C'est ce Fils de l'homme que vit Etienne; il vit celui qui devait faire revivre Israël, alors que tout espoir était éteint. Mais ils refusèrent le témoignage d'Etienne. « L'ayant poussé hors de la ville, ils le lapidaient. » Et Saul de Tarse était l'un d'eux. « Ils lapidaient Etienne, qui priait et disait : Seigneur Jésus, reçois mon esprit. » Tout allait bien, pour lui ; il pouvait confier son esprit aux soins du Seigneur Jésus, et ses ennemis ne pouvaient y toucher. Quant à son corps, peu lui importait s'il était mutilé, car le Seigneur lui rendrait son corps dans la gloire de la résurrection.

Que pensez-vous de la crémation ? demanda un opposant à un prédicateur en plein air ; dans sa folie, il pensait que Dieu ne pourrait ressusciter un corps brûlé. Le prédicateur répondit qu'il n'y avait aucune différence, pour le Seigneur, entre un chrétien qui meurt dans son lit, et un martyr au bûcher ou lapidé comme Etienne : son corps sera ressuscité en gloire par le même Seigneur qui, après sa mort et après avoir été mis dans le tombeau, ressuscita au troisième jour par sa divine puissance. L'essentiel est de pouvoir, comme Etienne, confier son esprit avec foi au Seigneur, afin d'être reçu par lui et à ses soins jusqu'au matin de la résurrection,

Etienne ajouta quelques paroles, car il pensait à ses ennemis, mais il y pensait en amour, non en haine. Il pria pour eux : « Seigneur, ne leur impute point ce péché ». Alors, il s'endormit. La dernière pierre qui tomba manifesta *l'amour* qui était dans cet homme. Il aimait ses ennemis et ne voulait pas qu'ils périssent. Avant d'expirer, son dernier souffle répand l'atmosphère du ciel — l'amour ; et, mourant, il l'exprime dans sa prière. Quel contraste avec Saul ! Nous lisons (chapitre IX, 1) : « Or Saul, respirant encore menace et meurtre contre les disciples du Seigneur, alla au souverain sacrificateur et lui demanda pour Damas des lettres adressées aux synagogues, en sorte que, s'il en trouvait quelques-uns qui fussent de la voie, il les amenât, hommes et femmes, liés à Jérusalem ». Il respirait l'atmosphère de l'enfer. Mais aucun cas n'est trop difficile pour le Seigneur. Dieu sait comment rejeter, en Saul, l'homme qui ne respire que l'atmosphère de l'enfer ; il sait comment le transformer, afin que Christ soit vu en lui — un autre homme — un homme qui respire l'amour du ciel. Il permit tout d'abord à Saul d'aller à son plein gré, car nous lisons au chapitre VIII, 3 : « Or Saul ravageait l'assemblée, entrant dans les maisons; et, traînant hommes et femmes, il les livrait pour être jetés en prison ». Les saints durent s'enfuir : « Ceux donc qui avaient été dispersés allaient çà et là, annonçant la parole ». Ils partirent de Jérusalem, où l'évangile était refusé, et répandirent partout les bonnes nouvelles. *Tous* évangélisèrent. Ils ne pouvaient se retenir, hommes et femmes ; toutefois, ces dernières le faisaient sans doute d'une manière plus privée convenable à leur sexe. *Tous* étaient remplis de Christ pour qui ils avaient souffert la perte de toutes choses, tout au moins l'abandon de leur demeure. Il est triste de voir un chrétien ou une chrétienne qui n'a pas à cœur de parler de Christ et de s'occuper des âmes. Une telle personne, peut-elle avoir un vrai sentiment de l'amour et de la puissance de Dieu ? Un esprit évangélique a toujours marqué celui qui connaît Dieu.

Et Saul continua son chemin, chassant les disciples du Seigneur et persécutant ceux qui avaient l'Esprit de Christ ; les haïssant, il ne pouvait les supporter. Ayant reçu autorité de la part du souverain sacrificateur, il se dirigea vers Damas avec une escorte nombreuse. Son autorité était grande — les hommes font grand cas du fait d'avoir de l'autorité. Mais quel compte Dieu en tient-il, quand cette autorité est directement opposée à Christ et a pour but d'empêcher Dieu de manifester son propos d'amour? Dieu ne tient pas compte de l'autorité de l'homme ; pour lui, elle n'est rien. Il abaissera l'homme hautain. Avec sa prétendue autorité, Saul ne faisait que manifester un esprit satanique ; par conséquent, il devait être abaissé.

Soudain brilla sur lui une lumière venant *du ciel* ! En un instant, il se produisit un grand changement. Saul se trouva en présence d'une autorité de beaucoup supérieure à toute autorité de la terre. Dieu intervint et l'arrêta dans son chemin, lui et toute son escorte ; il fut renversé et tomba par terre. Maintenant, où sont ces lettres d'autorité venant du souverain sacrificateur ? Tout ce qui l'élevait fut anéanti. L'autorité céleste fit ses revendications, et le convoi dut s'arrêter tout interdit. Au même moment, Saul vit une grande lumière plus éclatante que la splendeur du soleil. C'était midi; toutefois cette lumière surpassait de beaucoup la plus grande lumière qui brille sur la terre. Ce n'était pas une lumière physique ; c'était une lumière morale. Toute la lumière divine était concentrée dans un Homme — le Fils de Dieu lui-même ; sa gloire aux rayons resplendissants et bénis descendit sur la terre sur cet homme-là — Saul de Tarse ! Il ne pouvait y avoir d'erreur : il entendait une voix qui, l'appelant par son propre nom, lui demandait dans sa propre langue, la langue hébraïque : « Saul ! Saul ! pourquoi me persécutes-tu ? » Il lui fut permis de regarder au ciel, et c'est là qu'à son étonnement il vit un *Homme*. C'était l'Homme qu'ils avaient mis à mort, celui que Saul croyait dans le tombeau — un faux Messie. *Il vit Jésus lui-même*. Comme Etienne, il vit Jésus dans la gloire de Dieu. Son privilège dépasse même celui d'Etienne, puisqu'*il entendit sa voix,* la voix de Jésus, cet Homme béni qui parlait du ciel ; considérant sa face, il y vit toute la gloire de Dieu. Tandis qu'il contemplait cet Homme glorieux, il apprit qu'il était le Fils de Dieu : c'était davantage que le fait d'être Dieu. Tout l'amour de Dieu est recueilli et concentré dans un Homme — Christ. De ce soleil de justice scintillaient tous les rayons vivants de lumière et d'amour divins sur un homme ici-bas, ET CET HOMME ÉTAIT LE PLUS GRAND DES PÉCHEURS.

Ainsi rayonnait sur ce seul homme tout l'amour de Dieu qui se révélait *à* lui et *en* lui. Il ne fallait pas résister à celui qui l'arrêtait en route. Pourquoi aurait-il résisté à celui qui l'aimait, et qui lui parlait : « Saul ! Saul ! pourquoi me persécutes-tu ? » Peut-être posez-vous la question : Comment persécutait-il Jésus qui était au ciel ? Parce qu'il persécutait ceux qui avaient le même Esprit béni — l'Esprit de Christ — et Saul avait haï cet Esprit-là. Un tel Esprit était trop béni pour lui, car il haïssait la grâce, l'amour, la tendresse que les saints persécutés lui manifestaient. « Qui es-tu, Seigneur ? » demanda Saul. « Je suis Jésus, que tu persécutes ». Quelle révélation ! Jésus était actuellement vivant dans la gloire de Dieu. Saul croyait que Jésus était mort; maintenant, il le voit, et il entend sa voix même. Jésus n'a plus le visage défait, mais son visage est illuminé de la gloire de Dieu. Dieu lui-même brillait en Christ sur Saul qui apprenait Dieu en contemplant cet Homme béni. Ainsi brillait pour lui l'évangile de la gloire du Dieu bienheureux ; tout son être fut transformé, et son cœur fut complètement gagné. Il ne pouvait en être autrement. Il lui fallut trois jours pour comprendre la pleine signification de ce qu'il avait vu, avant de réaliser pleinement le glorieux caractère de la révélation. Dès l'instant que la lumière lui parvint, elle le *subjugua*. Tel fut le premier effet de la lumière. C'était la lumière céleste, et il n'y résistait pas.

Je m'adresse un instant aux enfants de parents chrétiens. Prenez garde à ne pas vous opposer à la vérité, et à Dieu. Prenez garde à ne pas trop résister à la lumière céleste pour tomber à jamais dans les ténèbres. Chers enfants des saints, souvenez-vous que vous avez été élevés dans la lumière de Christ ; ne rejetez pas vos privilèges. Vous avez peut-être déjà endurci vos cœurs, mais si vous vous tournez vers le Seigneur, rien ne lui est impossible. Je regarde au Seigneur pour que vous receviez la bénédiction de l'évangile. En dehors de l'évangile, rien n'est digne d'attention universelle, car tout est insignifiant.

Considérons encore le Seigneur faisant resplendir sur Saul tout l'amour divin. Il vit en effet sa face bénie, la face d'un Homme glorieux ; et il entendit sa voix. Il vit ce même Jésus qu'il croyait dans la tombe alors qu'il était *vivant,* et sur son visage brillait la gloire de Dieu. Saul était là, écrasé et complètement subjugué.

Au troisième jour, Ananias, un croyant vivant dans l'obscurité, fut envoyé par le Seigneur : « Lève-toi, et va dans la rue appelée la Droite, et cherche dans la maison de Judas un nommé Saul, de Tarse ; car voici, il prie ». Ananias avait peur, et il dit au Seigneur ce que Saul s'était proposé de faire en venant à Damas. Le Seigneur savait tout cela beaucoup mieux qu'Ananias, et il lui dit : « Va ; car cet homme m'est un vase d'élection pour porter mon nom devant les nations et les rois, et les fils d'Israël ; car je lui montrerai combien il doit souffrir pour mon nom ». Ananias alla et entra dans la maison de Judas. Quel moment pour Saul ! En vision, il avait déjà été encouragé en voyant un homme nommé Ananias venant à lui et lui imposant les mains afin qu'il recouvrât la vue. Autrement, il aurait perdu la raison, surmonté par le sentiment de sa méchanceté et du mal terrible qu'il avait fait. Pendant trois jours, il n'avait ni mangé, ni bu, tant il avait été bouleversé en découvrant qu'au lieu d'avoir été le meilleur homme du monde, il avait été le plus grand des pécheurs. Il comprit que l'enseignement de Gamaliel et des grands rabbins juifs était faux. Toute son éducation avait été inutile ; il devait se détourner des idées fausses qu'il avait reçues du monde. Les chefs religieux lui avaient enseigné que Jésus était un faux Christ, un imposteur, et qu'il n'était pas l'Oint de

Dieu. Ils lui avaient aussi enseigné à rechercher le bien dans l'homme, quoique Dieu dise qu'il n'y a rien de bon en lui. Dieu tient peu compte de l'éducation de ce monde. Nous devons oublier tout ce que le monde nous a enseigné, et nous devons apprendre de Christ. Le monde ne peut nous enseigner à prêcher Christ. Dieu seul peut donner la lumière. Aucune école ne peut travailler dans l'âme, ni donner à un homme la lumière de Christ. La lumière vient du ciel, et non d'un collège ou d'une école. Saul dut recommencer comme un petit enfant ; mais la lumière céleste avait pénétré dans son âme qui, jusqu'alors, n'avait été que « désolation et vide ». Dieu qui a fait briller la lumière dans les ténèbres avait resplendi dans ce cœur humain, afin que l'amour de Dieu illumine le monde entier. Paul reçut l'évangile dans sa plénitude, dès le début de son histoire spirituelle. *Nous* ne l'apprécions que selon notre mesure, et nous apprenons toujours davantage sa profonde signification ; mais Dieu l'a donné à Paul dans sa plénitude. Il dit : « Il plut à Dieu... de révéler *son Fils en moi,* afin que je l'annonçasse parmi les nations ». Le Fils de Dieu fut révélé en Saul, ce qui impliqua pour lui un changement complet. Christ fut formé en lui. Par conséquent, au lieu de respirer menace et meurtre — l'atmosphère de l'enfer — il respira l'atmosphère céleste, une atmosphère d'amour divin, et il fut prêt à tout souffrir pour Christ et pour les saints. Jusqu'alors, les apôtres avaient prêché que Jésus était Seigneur et Christ, mais Saul alla plus loin, car il prêcha qu'il est le Fils de Dieu — le plein resplendissement de Dieu. Il alla de ville en ville et de nation en nation pour annoncer que Dieu avait resplendi en Christ comme Dieu Sauveur. Il trouva les nations dans d'épaisses ténèbres quant à une vraie connaissance de Dieu. Au fait, il n'est pas naturel à l'homme déchu d'avoir une idée exacte de Dieu. En Christ, Dieu s'est pleinement fait connaître. Le Dieu bienheureux s'est trouvé ici-bas dans la personne de son Fils ; il a déchargé l'homme du fardeau qui l'accablait; il a fait cesser toute médisance contre lui en déclarant pleinement son amour. Les droits de Dieu ont été revendiqués dans la mort de Christ, et le croyant en Christ a été libéré de toute charge. Le sang de Jésus Christ, son Fils, a répondu aux revendications de sa justice, de sorte que Dieu peut maintenant s'approcher de tout homme, offrant le pardon. Si les hommes ne sont pas pardonnés, il demeure vrai que le pardon est *à leur portée* en Christ s'ils se repentent et croient l'évangile.

Mais il y a beaucoup plus que cela. La plus grande bénédiction concevable est maintenant la portion des croyants, car la plus grande Personne concevable s'est trouvée ici-bas et est morte pour nous. La plus grande œuvre concevable a été opérée. Maintenant les plus grands résultats concevables en découlent, et l'homme est amené à Dieu d'une manière telle qu'il est positivement beaucoup plus à l'aise avec Dieu qu'avec tout homme. Le plus grand pécheur peut venir à Christ et être sauvé. L'homme qui ne respirait que menace et meurtre contre Christ et contre ceux qui manifestaient l'Esprit de Christ, cet homme-là marche maintenant dans l'Esprit du Christ qu'il avait tant haï, et il respire l'amour de Christ partout où il va, peu importe le traitement qu'on lui fasse. Christ seul pouvait effectuer un pareil changement. L'évangile est la puissance de Dieu à salut, et c'est la seule. Si vous ne jouissez pas du salut, sachez qu'il vous est offert à cette heure même ; cette bénédiction inconcevable est à votre portée, renfermant l'amour de Dieu. Dieu commença lui-même à agir ; ce n'est pas l'homme qui s'est approché de Dieu, mais Dieu s'est approché de l'homme.

Personne ne suggéra à Dieu la pensée de sauver l'homme ; et il n'est jamais venu à l'idée de l'homme que le Dieu contre lequel nous avions péché mettrait de côté le péché et s'approcherait pour nous sauver. Jusqu'à aujourd'hui, les hommes ont recherché le salut par des moyens humains ; ils attendent qu'un sauveur de leur propre race pécheresse se lève et les sauve. Volontairement ils recevront l'antichrist — l'homme qui vient en son propre nom ; mais il ruinera tous ceux qui espèrent en lui. Jeunes gens, je vous en prie, ne vous confiez pas au siècle présent et à ses pensées ; ils ne donnent aucune vraie place à Christ et lèsent tous ceux qui se placent sous leur influence. Ne méprisez pas l'éducation chrétienne que vous avez reçue de vos parents. Appréciez tout ce que vous y avez appris concernant Christ. Chérissez tout ce que vous avez entendu de lui dès votre enfance ; le plus jeune peut se l'approprier. Mieux que personne Jésus a compris les enfants, et il les comprend toujours. Il est étonnant de voir combien il gagne la confiance d'un petit enfant. Il peut la gagner bien mieux qu'un père ou qu'une mère. Il encourage le plus jeune à venir et il reçoit tous ceux qui se confient en lui. Une vie entière n'est pas suffisante, pour apprendre la grandeur de cet Homme béni et toute la plénitude de l'évangile ; mais tout a été déclaré en LUI. En lui, toute la béatitude divine a brillé. Nous sommes abrités du jugement, l'homme qui offensait Dieu ayant été mis de côté, en jugement, dans la mort de Christ. Il y a maintenant *un Homme* hors de la mort, pas un esprit, mais un Homme réel dans la gloire de Dieu. Comme Homme dans la gloire, il manifeste notre place de faveur devant Dieu. Saul vit réellement Jésus vivant et dans la gloire. Il apprit aussi que cet Homme était le propre Fils de Dieu, et que tout l'amour de Dieu était concentré dans sa personne.

Non seulement Saul apprit ce que c'était que d'être pardonné et sauvé, mais qu'il était *un fils* de Dieu, et qu'il avait été introduit dans la plus grande liberté d'amour devant Dieu, comme fils devant le Père. Les anges n'occupent pas une telle place de proximité devant Dieu. Alors, rempli de grâce et d'amour divins, Paul sortit dans le monde pour annoncer les bonnes nouvelles d'un Dieu Sauveur ; il annonça que le Christ crucifié et mis à mort par les Juifs était ressuscité d'entre les morts, lui qui est le propre Fils de Dieu qui nous a été donné.

Oh ! chers amis, recevez ces paroles comme message venant de Dieu. C'est lui qui vous a amenés ce soir sous le son de sa parole. Il vous a cherchés et a apporté les bonnes nouvelles jusqu'à votre porte. Ne refusez pas votre Dieu, mais bénissez-le pour sa grâce. Croyez les bonnes nouvelles, et vous serez sauvés.

H. D'A. C.

(Substance d'une prédication, le 14/5/1911)

Vers la gloire

Jésus lui-même est le Conducteur
De ceux qui l'ont pour Sauveur,
Dans le chemin du bonheur.
Avec lui dans ces bas lieux,
Ils avancent tout joyeux ;
Mais ils le suivront aux cieux
Vêtus de gloire.

En avant !
Christ est notre Chef vivant
Dans la gloire.
Par un sentier méconnu,
Avec un soin continu,
Le croyant est soutenu,
Chantant victoire.

Jésus lui-même est le bon Berger.
Il garde dans le danger
Les siens qu'il veut soulager.
Il a porté leur fardeau,
L'a laissé dans le tombeau,
Pour conduire son troupeau
Vivant en gloire.

En avant !
Christ est notre Chef vivant
Dans la gloire.
Par un sentier méconnu,
Avec un soin continu,
Le croyant est soutenu,
Chantant victoire.

Pécheurs perdus, jadis sans espoir,
Ils allaient sous un ciel noir,
Egarés et sans pouvoir.
Mais maintenant, pardonnés,
Au bonheur prédestinés,
Par Christ, ils sont emmenés
Au ciel en gloire.

En avant !
Christ est notre Chef vivan
Dans la gloire.
Par un sentier méconnu,
Avec un soin continu,
Le croyant est soutenu,
Chantant victoire.

Ils suivent tous le même chemin
Dont le repos est la fin —
Le repos du pèlerin.
L'étendard bien déployé,
Chacun sur Christ appuyé,
En lui seul peut s'égayer
Jusqu'à la gloire.

En avant !
Christ est notre Chef vivant
Dans la gloire.
Par un sentier méconnu,
Avec un soin continu.
Le croyant est soutenu,
Chantant victoire.

Ils vont, heureux, à travers la nuit
Avec Christ qui les conduit
Et sans cesse les instruit.
Quand finiront leurs travaux,
Dans peu de temps, loin des maux,
Ils atteindront le repos,
Ravis en gloire.

En avant !
Christ est notre Chef vivant
Dans la gloire.
Par un sentier méconnu,
Avec un soin continu,
Le croyant est soutenu,
Chantant victoire.

(Imité de H. D'A. C.)

SÉRIES D'ÉVANGÉLISATION

par H. D'A. C.

ARBRE DE VIE

Arbre de Vie. — Bonnes Nouvelles. — Grâce et Gloire. — L'Evangile de la Gloire.

PRIX :

Chaque série brochée	0 60
Les 4 séries reliées toile	3 75

SÉRIE D'AFFRANCHISSEMENT

par H. D'A. C.

LA BONTÉ DE DIEU

La Bonté de Dieu. — La Grâce merveilleuse de Dieu envers le premier des pécheurs. — Les Délices de Dieu parmi les Hommes. — Départ triomphant du Fils de Dieu. — Grandeur de l'Evangile de Dieu. — L'Evangile du Christ.

PRIX :

Chaque exemplaire	0 25
La série brochée (sur papier luxe)	2 25
La série reliée toile (sur papier luxe)	3 75

Se trouvent chez

G. BLANC, Rue Saunière, Valence (Drôme)

IMPRIMERIE NOUVELLE — VALENCE

www.ingramcontent.com/pod-product-compliance
Ingram Content Group UK Ltd.
Pitfield, Milton Keynes, MK11 3LW, UK
UKHW022138260726
13993UKWH00005B/2018

9 782329 196633